BEI GRIN MACHT SICH IHR
WISSEN BEZAHLT

Bibliografische Information der Deutschen Nationalbibliothek:

Die Deutsche Bibliothek verzeichnet diese Publikation in der Deutschen National-
bibliografie; detaillierte bibliografische Daten sind im Internet über http://dnb.d-
nb.de/ abrufbar.

Impressum:

Copyright © 2007 GRIN Verlag
Druck und Bindung: Books on Demand GmbH, Norderstedt Germany
ISBN: 9783346077196

Dieses Buch bei GRIN:

https://www.grin.com/document/506977

Thomas W. Kühr

Was man über Privat Equity und Venture Capital wissen sollte. Ein Gastvortrag

GRIN Verlag

GRIN - Your knowledge has value

Der GRIN Verlag publiziert seit 1998 wissenschaftliche Arbeiten von Studenten, Hochschullehrern und anderen Akademikern als eBook und gedrucktes Buch. Die Verlagswebsite www.grin.com ist die ideale Plattform zur Veröffentlichung von Hausarbeiten, Abschlussarbeiten, wissenschaftlichen Aufsätzen, Dissertationen und Fachbüchern.

Besuchen Sie uns im Internet:

http://www.grin.com/

http://www.facebook.com/grincom

http://www.twitter.com/grin_com

Was man über
Private Equity und Venture Capital
wissen sollte....

GASTVORTRAG

**Veranstaltung: Einführung in die Betriebswirtschaftslehre
Themenblock: Investition & Finanzierung**

10. April 2007

Gastreferent:

**Diplom-Kaufmann
Thomas Kühr**

Inhalt

Literatur (wesentliche Quellen):

Leopold/Frommann/Kühr
Private Equity, Venture Capital. Eigenkapital für innovative Unternehmer,
2. Auflage, 2003, Verlag Franz Vahlen, ISBN 3 8006 2805 8

Frommann/Dahmann (Kühr)
Die volkswirtschaftliche Bedeutung von Private Equity und Venture Capital
BVK-Verbands-Veröffentlichung vom 1.12.2003

1. Definition von Private Equity und Venture Capital

Die Terminologie...(1)

Begriffsvielfalt

Private Equity... Venture Capital.... Beteiligungskapital

- Risikokapita , Wagniskapital
- Development Capital
- Expansion Capital
- Bridge Cap tal / Überbrückung
- Growth Capital / Wachstumskapital
- Chancenkapital

Quelle: eigene Darstellung

Die Begriffe „Venture Capital" und „Private Equity" stammen aus den USA und haben sich später auch weltweit durchgesetzt.[1] Sie bezeichnen Beteiligungskapital, das von institutionellen Beteiligungsgesellschaften in Unternehmen investiert wird, um deren Wachstum zu unterstützen. Ziel der Beteiligungsgesellschaften ist es, den Wert des Unternehmens zu steigern, um Kapitalgewinne z. T. durch laufende Erträge und vor allem den späteren Verkauf zu erzielen.

Worin unterscheiden sich nun aber Private Equity und Venture Capital?

---

[1] Siehe hier und im Folgenden: Leopold/Frommann/Kühr, Private Equity, Venture Capital. Eigenkapital für innovative Unternehmer, München 2003; S. 3 ff.

3

Die Terminologie…(2)

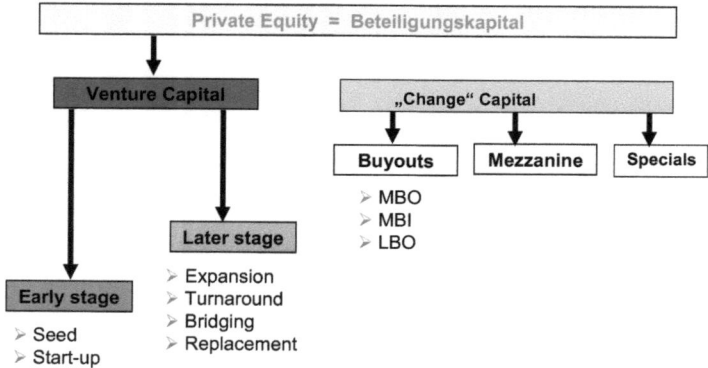

Quelle: eigene Darstellung

Die Begriffe und Inhalte unterliegen einer Evolution. Sie wurden in der Vergangenheit oft sehr eng gefasst und geben somit Raum für Missverständnisse. Private Equity wurde zunächst als Synonym für Venture Capital verwendet, hat sich inzwischen aber als Oberbegriff für eine Anlageklasse etabliert. Sie deckt außer Venture Capital auch weitere Eigenkapitalbeteiligungsprodukte ab.[2] Dazu gehören die Geschäftsfelder Buy outs (Leveraged Buy out, Management Buy out, Management Buy in) und Mezzanine-Kapital (Mischform zwischen Eigen- und Fremdkapital).

Darüber hinaus werden die Sonderformen Private Equity-Dachfonds (Fund-of-Funds) und Secondaries ebenfalls zugeordnet. Private Equity kann als Oberbegriff für Eigenkapitalbeteiligungen außerhalb der Börsen (Public Equity) verstanden werden.

---

[2] R. Todd Ruppert, T. Rowe Price, Private Equity: The U.S. Institutional Perspective, SPS Conference European Private Equity Investment for the Institutional Investor, München 2.11.1999; EVCA, White Paper. Priorities for Private Equity, Brussels, 1998

Abbildung 1: Phasen der Private Equity-Finanzierung

Finanzierungs-phasen	Early stage		Later stage (Expansion, Replacement, Turnaround, Bridge)	Buy outs Mezzanine	Divesting stage
	Seed	Start up			
Unternehmens-phasen	- Produkt-konzept - Unternehmens-konzeption - F & E	- Unternehmens-gründung - Produktions-beginn - Markteinführung	- Marktdurchdringung - Ausbau des Vertriebs - Vorbereitung Börsengang - Konsolidierung - Akquisitionen	- Spin-Off - MBO - MBI	- IPO - Trade sale - Buy back - Secondary Purchase - Liquidation

Kurvendiagramm: + Risiko, Mezzanine, Kapitalzuführungsbedarf, Gewinn/ Verlus, −

Finanzierungs-quellen		
Eigene Mittel →		← Fremdfinanzierung
Öffentliche Fördermittel →		← Börse
	← Mezzanine →	
	← Private Equity →	

Quelle: BVK, in Anlehnung an Schefczyk, Finanzieren mit Venture Capital, 2000, S. 24

Venture Capital wird an meist junge, innovative und nicht börsennotierte Unternehmen mit erkennbarem Entwicklungs- und Wachstumspotential vergeben. Dies sind in der Regel kleine bis mittlere Unternehmen und Existenzgründungen im Technologiebereich mit positiven Wachstumsaussichten und einem gleichzeitig hohen Ausfallrisiko für das haftende Kapital. Buy outs und Mezzanine-Finanzierungen erfolgen in etabliertere Unternehmen, die einen gewissen Reifegrad erreicht haben. Die Finanzierungen bilden üblicherweise die Grundlage für Nachfolgeregelungen oder den Verkauf von nicht zum Kerngeschäft gehörenden Aktivitäten von Konzernen.

Um die volkswirtschaftliche Bedeutung von Private Equity zu untersuchen ist es notwendig, das Finanzierungsinstrument in seine Bestandteile zu zerlegen. Zur Charakterisierung von Private Equity werden die folgenden Merkmale unterschieden.

Charakterisierung von PE / VC

Risikotragendes Beteiligungs- / Eigenkapital

Betreuungs- und Beratungsfunktion ("Hands on")

Partizipation am langfristigen Wertzuwachs
(Capital Gain Orientierung)

Quelle: eigene Darstellung

1. Private Equity ist **risikotragendes Beteiligungskapital/Eigenkapital** oder eigenkapitalähnliche Finanzierungsinstrumente, die einem Unternehmen auf dem Weg der Außenfinanzierung zur Verfügung gestellt werden. Es stellt haftendes Eigenkapital dar, welches ohne sonst übliche Kreditsicherheiten vergeben wird und das unternehmerische Risiko voll mitträgt. Die Investitionen erfolgen langfristig, jedoch zeitlich begrenzt, über einen Zeitraum von durchschnittlich 5 bis 7 Jahren.

2. Private Equity beinhaltet darüber hinaus eine mehr oder weniger intensive **Betreuung und Beratung** des zu finanzierenden Unternehmens in Abhängigkeit von seinem Entwicklungsstand und seiner künftigen Strategie. Diese als Venture Management bzw. Hands on-Management bezeichnete Unterstützungsfunktion beinhaltet einen Know-how-Transfer durch den Kapitalgeber. Gleichzeitig werden dem Kapitalgeber verschiedene Kontroll- und Mitspracherechte in den Entscheidungs- und Kontrollgremien des Unternehmens eingeräumt.

3. Private Equity-Investitionen zielen auf eine **Partizipation am langfristigen Wertzuwachs** der Zielunternehmen ab. Der Gewinn aus den Investitionen wird zum Zeitpunkt der Veräußerung der Unternehmensanteile realisiert.

Damit hebt sich Private Equity deutlich von Fremdkapital z. B. in Form eines Bankkredites ab. Nachfolgende Gegenüberstellung verdeutlicht im Detail die Vorteile einer Eigenkapitalfinanzierung mit Private Equity gegenüber dem banküblichen Firmenkundenkredit:

Abbildung 2: Vergleich von Eigen- und Fremdkapital

Private Equity/Eigenkapital	Senior Debt/Fremdkapital
Mittel- bis langfristige Bereitstellung von haftendem Eigenkapital oder eigenkapitalähnlichen Mitteln.	Kurz- bis langfristige Bereitstellung von nicht-haftendem Fremdkapital.
Bereitstellung der Mittel bis zum Exit/Veräußerung.	Ein Kredit wird nur gegen ausreichende Sicherheiten vergeben. Überziehungen und das Nichteinhalten sonstiger Verpflichtungen führen über Vertragsstrafen zu sofortigen Zahlungen.
Führt zu einer soliden und flexiblen Kapitalbasis für künftiges Wachstum und Entwicklung.	Ein nützliches Finanzierungsinstrument, solange ein ausgeglichenes Verhältnis von Eigen- zu Fremdkapital und ein positiver Cash Flow vorhanden sind
Positiv für den Cash Flow, da Rückzahlungen, Dividenden und Zinszahlungen an Erfordernisse und Möglichkeiten des Unternehmens angepasst werden.	Erfordert regelmäßig positiven Cash Flow für Rück- und Zinszahlungen, die unabhängig von der Unternehmensentwicklung erfolgen müssen.
Die Returns an den Private Equity-Investor sind abhängig von Wachstum und Erfolg des Unternehmens. Je erfolgreicher das Unternehmen, desto höher die Returns.	Der Return ist davon abhängig, wie das Unternehmen den Zins- und Rückzahlungsdienst bedienen und den Wert der besicherten Anlagegüter sicherstellen kann.
Im Falle einer Insolvenz steht der Private Equity-Investor im Rang hinter den anderen Gesellschaftern und den Kreditgebern und kann sein Investment verlieren.	Der Kreditgeber hat im Falle einer Insolvenz sofortigen Zugriff auf das besicherte Vermögen.
Gerät das Unternehmen in eine Schieflage, wird der Private Equity-Investor sich einsetzen, um die Entwicklung umzukehren.	Im Falle einer Schieflage kann ein Kreditinstitut das Unternehmen in Konkurs führen und den persönlichen Bankrott des Unternehmers herbeiführen, wenn er gebürgt hat.
Der Private Equity-Investor ist ein verlässlicher Partner, der die Risiken und Chancen teilt und mit praktischer Unterstützung und Expertise auf den Unternehmenserfolg hinwirkt.	Sofern Unterstützung gegeben wird, variiert sie stark.

Quelle: BVCA/PWC, A Guide to Private Equity, London 2003, S. 13

2. Geschichte und Entwicklung von Private Equity

2.1 Internationale Anfänge

Die Wurzeln des Private Equity-Geschäfts in seiner institutionalisierten Form liegen in der Zeit nach dem zweiten Weltkrieg.[3] Damals wurden in den USA und Großbritannien die ersten Beteiligungsgesellschaften gegründet. Eine Vorreiterrolle spielten in den USA die 1945 gegründete American Research and Development (ARD) und in Großbritannien die im gleichen Jahr gegründete Industrial and Commercial Finance Corporations (ICFC), später 3i. Nach dem zweiten Weltkrieg gab es in den Industrieländern im Zuge des Wiederaufbaus weitreichende Diskussionen über die zu niedrige Eigenkapitalquote der Unternehmen und deren mangelnde Innovationskraft. Die neu gegründeten Beteiligungsgesellschaften sollten Abhilfe schaffen, hatten aber mit den Problemen von Newcomern zu kämpfen. Allen Akteuren fehlten die notwendigen Erfahrungen. Das Gleiche galt auch für Investoren und potenzielle Zielunternehmen. 1958 wurde in den USA das Small Business Investment Companies-Programm (SBIC-Programm) gestartet, um dem sich mühsam entwickelnden Private Equity-Markt neue Impulse zu verleihen. Private Beteiligungsgesellschaften konnten sich staatlich lizenzieren lassen und erhielten damit Zugang zu langfristigen, zinsgünstigen und staatlich garantierten Finanzierungsmitteln, mit denen das eingeworbene private Fondskapital aufgestockt werden konnte. Frankreich folgte dem Beispiel eines öffentlich geförderten Beteiligungsmarktes und errichtete 1958 mehrere Sociétés de Développement Régional (SDR) zur Verbesserung der regionalen Wirtschaftsstruktur. Bereits 1948 war in den Niederlanden mit der Nederlandse Particciipatie Maatschappij (NVP) ein ähnlicher Versuch gestartet worden. In einzelnen europäischen Ländern erfolgten später ebenfalls erste zaghafte Versuche, analoge Modelle zu implementieren.

---

[3] Leopold/Frommann/Kühr, a.a.O., S. 217 ff.

2.2 Die historische Entwicklung von Private Equity in Deutschland

Beteiligungskapital in Deutschland

Historischer Ablauf

- 1965-70 Gründung erster Beteiligungsgesellschaften
  vor allem durch Banken und Privatinvestoren
- 1970-75 Gründung öffentlich geförderter Kapitalbeteiligungsgesellschaften
  als Selbsthilfeeinrichtung der Wirtschaft (ERP und MBG)
- 1976-84 Deutsche Wagnisfinanzierungsgesellschaft (WFG)

- 1983-90 Gründung von Venture Capital-Gesellschaften nach
  amerikanischem Vorbild (Fund raising, High-Tech Start-ups)
  Der Markt formiert sich und tritt aus seiner Anonymität heraus:
  1987 Gründung des Deutschen Venture Capital Verbandes (DVCV)
  1988 Gründung des Bundesverbandes Deutscher Kapitalbeteiligungsgesellschaften (BVK)
  und 1989 Fusion beider Verbände
- 1991-95 Erste Konsolidierung, keine neuen Fonds, Herausbildung von Spezialisten
  vor allem im Early stage- und Buy-out-Segment
- 1996-2000 Boom im Beteiligungsmarkt in allen Bereichen, Neuer Markt und „Börsen-Crash"
- Ab 2001 Zweite Konsolidierung mit Wiederbelebung des Geschäftes ab 2004

Seite 14

Quelle: eigene Darstellung

Der deutsche Beteiligungsmarkt zählt heute zu den größten und bedeutendsten nationalen Beteiligungsmärkten in Europa. Dies ist angesichts der doch sehr jungen Geschichte von knapp 40 Jahren ein großer Erfolg. Die ersten Beteiligungsgesellschafter wurden von Privatinvestoren und Privatbanken im Jahr 1965 gegründet.[4] Ihr Ziel war es, nicht emissionsfähigen Unternehmen Eigenkapital (häufig in Form einer Stillen Beteiligung) zur Verfügung zu stellen. Es handelte sich hierbei im Allgemeinen um Beteiligungen an etablierten mittelständischen Unternehmen gegen gute Verzinsung. Allerdings hatten die Pioniere aufgrund der fehlenden Branchenerfahrungen zahlreiche Anfangsschwierigkeiten zu überwinden und etlichen Gesellschaften blieb ein dauerhafter Erfolg versagt. Nur wenige der damaligen Beteiligungsgesellschaften haben in der Gegenwart noch eine signifikante Bedeutung.

Die insgesamt verhaltene Entwicklung des Marktes in dieser Zeit wird auf mangelnde Erfahrung der Akteure mit dieser neuartigen Finanzierungsform, die dominierende Rolle der Banken sowie die Einstellung deutscher Unternehmer, „Herr im eigenen Haus" bleiben zu wollen, zurückgeführt.

Vor dem Hintergrund der heftigen Diskussion um die entstehende Eigenkapitallücke deutscher Unternehmen wurde Anfang der 70er Jahre das ERP-Beteiligungsprogramm aufgelegt, um das Beteiligungsgeschäft in Deutschland zu stimulieren. Die mit dem Programm verbundenen Restriktionen machten es jedoch für privatwirtschaftliche

---

[4] Leopold/Frommann/Kühr a. a. O., S. 42 ff.

9

Beteiligungsgesellschaften unattraktiv. Zugleich wurde damit der Weg frei für die Gründung der ersten öffentlich geförderten Kapitalbeteiligungsgesellschaften, den heutigen Mittelständischen Beteiligungsgesellschaften (MBG), die noch heute zumeist gemeinsam mit den Bürgschaftsbanken der Länder agieren.

Aufgrund der restriktiven Vergaberichtlinien aus dem ERP-Programm fand sich damals niemand, der in junge, innovative Technologieunternehmen investieren wollte.
Um diesen Mangel zu beheben wurde 1975 durch den Bund und 27 Kreditinstitute mit einem Anfangskapital in Höhe von 10 Mio. DM die Deutsche Wagnisfinanzierungsgesellschaft (WFG) gegründet. Die beteiligten Kreditinstitute konnten allerdings nur dadurch motiviert werden, sich an diesem riskanten Unterfangen zu beteiligen, weil sich der Bund verpflichtete, für 15 Jahre 75% der Verluste der WFG bis zu einer Obergrenze von 50 Mio. DM zu übernehmen!
Diese Ausfallbürgschaft musste von der WFG bzw. ihren Gesellschaftern mehrfach in Anspruch genommen werden – was schließlich 1984 zur Kündigung des Vertrages durch den Bund und letztlich zur Einstellung der Geschäftsaktivitäten der WFG führte. Trotz dieses Misserfolgs können die Aktivitäten der WFG als Startstunde für den deutschen Venture Capital Markt angesehen werden, insbesondere durch den erzielten Lerneffekt bei den Akteuren!

Erst Anfang der 80er Jahre wurde das amerikanische Venture Capital-Modell nach Europa und Deutschland übertragen und zunächst als technologieorientierte Frühphasenfinanzierung von Unternehmen ausgelegt. Danach entstanden die ersten Gesellschaften, die Fund-raising betrieben und ihren Fokus auf das Early stage-Segment des Marktes legten (GENES und TVM). Es zeigte sich schnell, dass Kultur, Klima und Rahmenbedingungen für ein erfolgreiches Geschäft nicht optimal waren. Einigen dieser Gesellschaften war kein Erfolg beschieden und sie verließen den Markt. Nur wenigen gelang der Aufbau einer dauerhaften Marktposition.

Anfang der 90er Jahre war im Zuge einer ersten Konsolidierung im Private Equity-Markt eine Selektion unter den Marktteilnehmern und gleichzeitig eine Spezialisierung zu beobachten. Letztere bezog sich insbesondere auf das Early stage-Geschäft sowie den Buyout-Bereich des Beteiligungsmarktes. Mit dem ab 1996 einsetzenden Boom im Private Equity-Markt nahm dann auch die Zahl der Akteure in allen Marktsegmenten sprunghaft zu – sie erreichte Ende der 90er Jahre zwischen 350 und 400 Gesellschaften, wodurch sich das Angebot von Private Equity drastisch erhöhte.

2.3 Die Marktentwicklung in Deutschland

Der deutsche Beteiligungsmarkt hat damit eine deutlich kürzere Geschichte als die Märkte in den USA oder Großbritannien. Die bescheidenen Anfänge schlugen sich auch in den Marktzahlen wieder. In den 70er Jahren lag das Portfolio aller deutschen Beteiligungsgesellschaften weit unter einer Mrd. DM. Die erste wertmäßige Erfassung erfolgte 1975, wobei e n Portfolio von 367 Beteiligungen mit einem Volumen von 214,0 Mio. € ermittelt wurde.

Abbildung 3: Portfolioentwicklung in Deutschland 1979 – 2006 (in Mio. €)

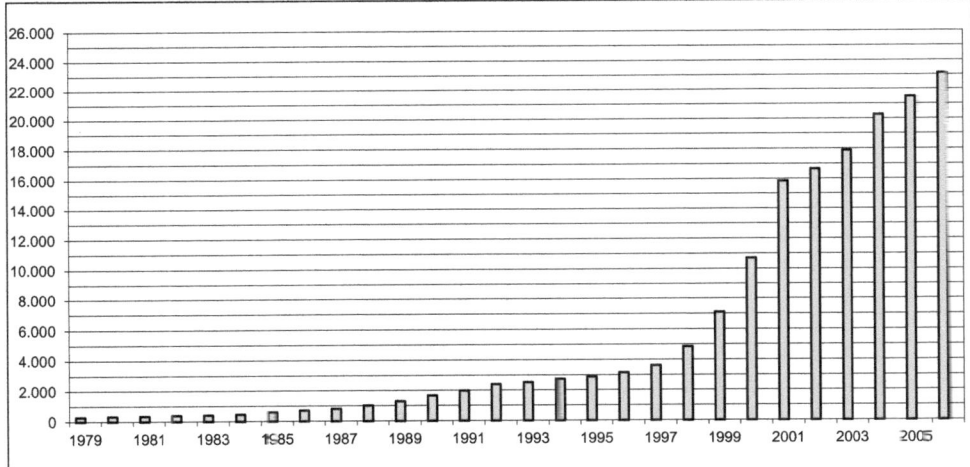

Quelle: BVK-Statistiken

Zusammenhängende Portfolioangaben für Deutschland existieren seit 1979 (285,7 Mio. €).[5] Bis zum Ende der 80er Jahre verzeichnete das Portfolio ein stetiges Wachstum und der Beteiligungsmarkt gewann an volkswirtschaftlicher Bedeutung.
1988 wurde die Milliarden-Euro-Grenze erreicht und es folgte ein erster Boom, der das Portfolio auf 2,5 Mrd. € im Jahr 1993 beförderte und durch die verschiedenen Later-Stage-Konzepte getragen wurde. Der Konsolidierung in der ersten Hälfte der 90er Jahre folgte ein erneuter Boom ab dem Jahr 1996. Trotz der 2001 einsetzenden abermaligen Marktkonsolidierung erreichte das Portfolio Ende 2002 ein Volumen von 16,7 Mrd. € und liegt Ende 2006 bei 23,1 Mrd. €.

---

[5] Leopold/Frommann/Kühr, Private Equity, a.a.O., S 51 ff.; BVK-Statistiken

Abbildung 4: Entwicklung der Bruttoinvestitionen 1986 – 2006 (in Mio. €) und Veränderung zum Vorjahr (in Prozent)

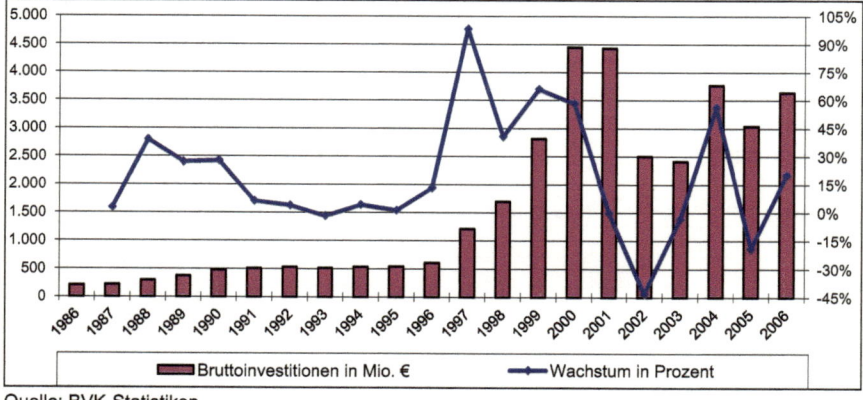

Quelle: BVK-Statistiken

Eine ähnlich zyklische Entwicklung verzeichneten die jährlichen Investitionen. Im Zuge des Booms Ende der 80er Jahre stiegen die jährlichen Investitionen auf über 500 Mio. € und blieben bis 1996 konsolidierungsbedingt auf diesem Niveau.

Einen gewaltigen Schub erhielt die Eigenkapitalfinanzierung durch den Start des Neuen Marktes im Jahr 1997. Dieser war der Ausgangspunkt für eine neu entstehende Eigenkapitalkultur. Während die Aktie zum Objekt der Begierde für so manchen Privatanleger wurde, entdeckten zahlreiche Unternehmen die Finanzierung mit Eigenkapital von der Börse oder von Private Equity-Gesellschaften. Zahlreiche Unternehmen suchten für das weitere Unternehmenswachstum zusätzliches Kapital. Dafür standen grundsätzlich zwei Alternativen zur Verfügung: die Kreditfinanzierung, die allerdings aus den genannten Gründen schwierig war, sowie die Eigenkapitalfinanzierung. Private Equity bot sich aufgrund seiner vielfältigen Einsatzmöglichkeiten in der Expansionsphase von Unternehmen geradezu an.

In der zweiten Boomphase ab 1997 stiegen die Investitionen mit überdurchschnittlich hohen Zuwachsraten per annum sprunghaft an und erreichten im Jahr 2000 mit 4,5 Mrd. € ihren Höhepunkt. Der Aufschwung der späten 90er Jahre war geprägt von einer Euphorie im Early stage-Marktsegment, das 2000 mit einem Volumen von 1,6 Mrd. € einen Rekord in Europa verzeichnete. Die 2001 einsetzende Konsolidierung bewirkte einen deutlichen Rückgang der direkten Investitionen auf 2,5 Mrd. € im Jahr 2002 sowie Veränderungen in den Strukturen der Investitionen, in denen vor allem Buyout-Transaktionen dominierten. Erst ab dem Jahr 2004 ist eine deutliche Erholung des Marktes in Bezug auf die Investitionsvolumina zu erkennen. Im vergangenen Jahr wurden mit 3,6 Mrd. € schon wieder 82% des Höchstvolumens von 2001 erreicht!

2.4 Der deutsche Markt im internationalen Vergleich

Der US-amerikanische Markt und die europäischen Märkte unterscheiden sich in ihrer historischen Entwicklung. Während in den europäischen Märkten bis Mitte der 80er Jahre vorwiegend in etablierte Unternehmen (Later-Stage-Venture Capital) investiert wurde, war der Beteiligungsmarkt in den USA geprägt vom Frühphasengeschäft (Early stage-Venture Capital). Erst Mitte der 80er Jahre erfolgte eine strategische Annäherung, als die europäischen Märkte verstärkt dem US-amerikanischen Vorbild des Venture Capital mit Fokus Early stage folgten, während sich gleichzeitig in den USA das Buy out-Geschäft vom Venture Capital abkoppelte und verselbständigte.

Aufgrund der mit Abstand längsten Markterfahrung bilden die USA und Großbritannien die am weitesten fortgeschrittenen und größten Beteiligungsmärkte weltweit.

Zu Beginn der statistischen Auswertungen im Jahr 1980 belief sich das „Capital under Management" auf 4,0 Mrd. $. Seitdem hat es stets neue Rekordvolumina erreicht. Bis 1990 wuchs es auf 30,4 Mrd. $ und in der zweiten Hälfte der 90er explodierte es bei hohen zweistelligen Zuwachsraten. Es überstieg im Jahr 2000 erstmals die 200 Mrd. $-Marke und erreichte 224,2 Mrd. $. 2001 stieg das Fondsvolumen nochmals auf 252,6 Mrd. $. Seitdem zeigt es eine nahezu stagnierende Entwicklung, bei der die jährlichen Volumina nur un-wesentlich auf 259,4 Mrd. $ im Jahr 2005 stiegen. Trotz der Stagnation der letzten fünf Jahre sind die von US-amerikanischen Venture Capital-Gesellschaften verwalteten Fondsmittel seit 1996 in zehn Jahren auf das Fünffache gestiegen.

Im europäischen Vergleich nimmt Großbritannien die führende Position der Private Equity-Märkte ein.[6] Im Jahr 2005 warben britische Beteiligungsfonds 45,6 Mrd. € ein und investierten 23,8 Mrd €. Sowohl der britische als auch der US-amerikanische Markt erreichten ihre Größe jedoch nicht durch kontinuierliches Wachstum. Wie bereits am Beispiel des deutschen Marktes aufgezeigt, war auch ihre Entwicklung geprägt von Phasen überdurchschnittlichen Wachstums und der Konsolidierung.
Die Rangliste der nach dem Investitionsvolumen größten nationalen Private Equity-Märkte hat sich in den vergangenen Jahren nur leicht verändert. An der Spitze stehen weiterhin Großbritannien und Frankreich.

In Großbritannien erreichten 2005 die Investitionen 23,8 Mrd. €, in Frankreich 7,3 Mrd. €, in Schweden 3,0 Mrd. €, in Deutschland und Spanien jeweils 2,7 Mrd. €.

Die fünf führenden europäischen Länder vereinen rund 84 % des gesamten europäischen Investitionsvolumens auf sich.

Private Equity-Investitionen in Europa (Country of Management)

	Investitionen 2004 (Mio. €)	Investitionen 2005 (Mio. €)	Veränderung in %
Großbritannien	19.086	23.832	24,9
Frankreich	5.227	7.294	39,5
Schweden	1.622	3.001	85,0
Deutschland	3.766	2.695	-28,4
Spanien	1.967	2.662	35,3
Niederlande	1.659	2.336	40,8
Italien	1.480	2.186	47,7
Dänemark	395	1.057	167,6
Norwegen	308	427	38,6
Schweiz	272	362	33,1
Portugal	161	243	50,9
Finnland	223	230	3,1
Belgien	298	193	-35,2
Polen	130	154	18,5
Österreich	141	143	1,4
Irland	61	107	75,4
Ungarn	96	47	-51,0
Tschechien	20	21	5,0
Griechenland	5	8	60,0
Slowakei	4	1	-75,0
Total	**36.920**	**47.000**	**27,3**

Quelle: EVCA Yearbook 2006

Der deutsche Beteiligungsmarkt befindet sich seit seiner Entstehung in den 60er Jahren in einem kontinuierlichen Wachstums- und Reifeprozess. Die Entwicklung erfolgte, wie in den anderen Beteiligungsmärkten, zunächst schleppend und über die Jahre nicht kontinuierlich, sondern zyklisch. Derzeit befindet sich der deutsche Markt in seinem vierten Zyklus. Damit besteht die Möglichkeit, dass der deutsche Beteiligungsmarkt in der derzeitigen Aufschwungphase an Volumen gewinnt und seine starke europäische Positionierung behauptet.

- Im BVK organisierte Gesellschaften   178
- Mitarbeiter   1.575

- Verwaltetes Kapital in Mio.Euro   54.273
- Portfolio in Mio.Euro   21.495

- PE-Investitionen in Mio.Euro (in 2005)   3.040
- Anzahl der finanzierten Unternehmen (2005)   717

- Umsätze der Portfoliounternehmen in Mio.Euro   170.300

- Mitarbeiter der Portfoliounternehmen   797.100

Seite 18

Quelle: eigene Darstellung, Ableitung aus BVK-Statistiken

3. Der Beitrag von Private Equity zur Entwicklung der Wirtschaft

Private Equity ist ein im Wirtschaftskreislauf vielfältig einsetzbares Finanzierungs-instrument. Es übernimmt die Rolle klassischer Finanzierungsformen bei der Finanzie-rung junger und etablierter Unternehmen und finanziert Unternehmenswachstum und Strukturwandel sowie neue Technologien und Produkte auf der Basis von F&E-Aktivi-täten. D. h. Private Equity ermöglicht das Herauslösen von Innovations- und Wachs-tumsprozessen aus dem traditionellen, etablierten Wirtschaftssektor.

Private Equity nimmt eine tragende Rolle im Evolutionsprozess der Wirtschaft ein. Zwar erfolgten die grundlegenden Erfindungen und Entdeckungen weitgehend ohne Private Equity, ihre Umsetzung in Produkt- oder Technologie-Innovationen wurde je-doch maßgeblich durch Private Equity, in Form von Business Angels, Aktiengesell-schaften oder moderner Private Equity-Modellen, finanziert. Private Equity war in einer Vielzahl von Fällen der wichtigste Motor bei der Einführung neuer Technologien und deren Umsetzung in Produkte, auf deren Grundlage ganze Branchen neu geschaffen oder existierende Branchen grundlegend modernisiert und verändert wurden. Es lässt sich nur mutmaßen, in welchem Entwicklungsstadium der Prozess der Evolution in der Wirtschaft heute ohne die Risikobereitschaft von Private Equity-Investoren stehen würde.

15

3.1 Private Equity als Innovationsfinanzierung

Venture Capital als Teilprodukt von Private Equity übernimmt in seiner klassischen Funktion vor allem die Gründungs- und Wachstumsfinanzierung von Unternehmen in technologieorientierten und innovativen Branchen. Dadurch ist es möglich, bisher von etablierten Unternehmen geleistete Aufgaben in stärkerem Maße auszulagern und kleineren flexibleren Unternehmen zu übertragen. Dazu gehören in erster Linie Forschungs- und Entwicklungsaufgaben. Junge, neu gegründete Unternehmen in technologieorientierten Branchen sind stark F&E-orientiert. Traditionelle Finanzierungsformen wie der Bankkredit scheiden aufgrund der Risikostruktur der Projekte und fehlender Sicherheiten aus. Das private Vermögen der Gründer reicht nicht aus, um die anfallenden Ausgaben zu decken. Auch Business Angels und die öffentliche Förderung können lediglich eine Anschubfinanzierung leisten. Allein Private Equity ist in der Lage, die entstehende Lücke bei der F&E-Finanzierung zu schließen.

Venture Capital-Finanzierung ist maßgeblich Innovationsfinanzierung. Ein Vergleich der Investitionen deutscher Beteiligungsgesellschaften in innovations- und technologieorientierte Branchen (Elektrotechnik, Industrieautomation, Computer, Kommunikationstechnologie, Biotechnologie, Medizin) mit den inländischen Patentanmeldungen beim Deutschen Patent- und Markenamt lässt eine deutliche Korrelation erkennen. Beide Werte verzeichneten ab 1995 einen sichtbaren Aufwärtstrend, wobei die Steigerungsraten der Investitionen deutlich über denen der Patentanmeldungen lagen. Beide Verläufe erreichen im Jahr 2000 ihren Höhepunkt, um dann in eine Abwärtsbewegung überzugehen.

Großen Anteil an dieser Entwicklung hatten junge technologieorientierte Unternehmen. Obwohl etablierte Großunternehmen einen Großteil der angemeldeten Patente anmeldeten, sind junge Unternehmen und Gründungen als Quelle von Innovationen unverzichtbar. Etablierten Unternehmen fehlt einfach die Flexibilität und Dynamik eines kleinen forschungsintensiven Gründungsunternehmens.

3.2 Private Equity und High-Tech

Early Stage-Venture Capital als Teilprodukt von Private Equity wird in Unternehmen investiert, die im Unternehmenszyklus noch am Anfang stehen oder sich in der ersten Wachstumsphase befinden. Praktisch jede Unternehmensgründung in den technologieorientierten Branchen basiert auf neuen Erkenntnissen, die sich in Patenten und Produkten wiederfinden. Dazu gehören auch Unternehmensgründungen, die auf der wirtschaftlichen Nutzung von Forschungsergebnissen aus wissenschaftlichen Einrichtungen und Hochschulen basieren. Private Equity-Gesellschaften stellen für den Aufbau eines Unternehmens das anfangs benötigte Kapital bereit. Sicherlich ist die Eigenkapitalfinanzierung der primäre Vorteil für das Unternehmen, da ausreichend Eigenkapital weitere Finanzierungsmöglichkeiten, wie Kredite oder Fördermittel, eröffnet. Private Equity-Gesellschaften stellen jedoch darüber hinaus umfangreiches Know How und Netzwerkkontakte zur Verfügung. Diese sind für junge Unternehmer und Entrepreneure von nicht zu unterschätzender Bedeutung. Viele Private Equity-Professionals haben in eigenen Unternehmen Führungserfahrungen sammeln können und bieten neben Finanz-Know How auch fachliches sowie technisches Know how. Nicht zu unterschätzen sind die Netzwerkkontakte, etwa zu anderen Private Equity-Gesellschaften, Portfoliounternehmen, Banken oder Forschungseinrichtungen, die einem jungen Unternehmen zusätzliche Kunden-, Lieferanten- oder Finanzierungspotenziale öffnet (adding value"-Effekt).

Das Private Equity-Geschäft in Deutschland ist im historischen Rückblick in den traditionellen Branchen verankert. Dies hat Gründe sowohl auf der Angebots- als auch auf der Nachfrageseite des Private Equity-Geschäfts:

1. Deutschen Private Equity-Gesellschaften fehlten Bereitschaft und Erfahrung, in besonders risikobehaftete Unternehmensgründungen in den Technologiebereichen zu finanzieren.

2. Ein weiteres Problem war die spätere Veräußerung der Beteiligungen. Eine Börse für Technologieunternehmen entstand erst mit dem Neuen Markt im Jahr 1997.

3. Im Vergleich mit den USA gab es in Deutschland keine ausgeprägte Gründungslandschaft, vor allem im Technologiebereich. Der Gründungswille der Deutschen ist auch heute noch weit weniger ausgeprägt als in den USA.[7]

4. Die technologischen Meilensteine der 80er und beginnenden 90er Jahre wurden nicht in Deutschland, sondern in den USA gesetzt. Forschungs- und Entwicklungs-Aktivitäten gab es meist nur in Forschungseinrichtungen und Großunternehmen, nur selten wurden sie in jungen Unternehmen umgesetzt.

5. Es gab eine seit Jahrzehnten gewachsene Wirtschaftsstruktur und entsprechend groß war der Anteil der traditionellen Industriebranchen an den Private Equity-Investitionen in Deutschland.

6. Stichwort „EUROPA": der Versuch, einen „homogenen" Markt zu gestalten! Für die in den 90er Jahren sprunghaft gestiegenen Investitionen in Technologieunternehmen gab es mehrere Gründe.

---

[7] Universität zu Köln, Global Entrepreneurship Monitor 2003, Köln 2003

1. Eine zunehmende Zahl von Beteiligungsgesellschaften konzentrierte sich auf das Early stage-Geschäft in den High tech-Branchen. Sie agierten z. T. unabhängig voneinander und sammelten ihre Fondsmittel durch klassisches Fundraising ein bzw. organisierten sich als Corporate Venture Capital-Gesellschaften. Das Angebot an Private Equity, vor allem Early stage-Venture Capital, nahm sprunghaft zu, wenngleich auch die meisten Early stage-Fonds über relativ geringe Mittel verfügten.

2. Gleichzeitig stieg die Kapitalnachfrage von Seiten der Unternehmensgründer. In Deutschland hatte eine Gründerwelle im Zuge der Technologieentwicklungen eingesetzt, denen eine umfangreiche F&E-Förderung in bestimmten Bereichen vorausgegangen war. Eine Gründerszene und –mentalität begann sich zu etablieren. Zahlreiche Businessplan-Wettbewerbe, etwa in München oder Berlin, wurden ins Leben gerufen, um Gründungswilligen eine Einstiegsmöglichkeit zu geben. Hinzu kam eine aktivere Ansiedlungspolitik in den einzelnen Regionen, die durch öffentliche Wettbewerbe wie BioRegio, Multimedia und InnoRegio unterstützt wurden.

3. Die Politik hatte erkannt, dass zahlreiche staatlich initiierte F&E-Aktivitäten ins Leere liefen, weil die anschließende Gründungsfinanzierung wirtschaftlich nutzbarer Forschungsergebnisse nicht gegeben war. Im Jahr 1995 wurde vom damaligen Bundesministerium für Forschung und Technologie das Förderprogramm „Beteiligungskapital für kleine Technologieunternehmen (BTU)" als Nachfolger der in den 80er Jahren gestarteten Modellversuche aufgelegt. Ziel des Programms war die projektbezogene Förderung von Beteiligungen in junge Technologieunternehmen. Von 1995 bis 2001 wurden im Rahmen des BTU-Programms Zusagen mit einem Volumen von 1,7 Mrd. € gegeben.[8] Darüber hinaus wurde das Innovationsprogramm der KfW ins Leben gerufen.

---

[8] Angaben von KfW und tbg.

18

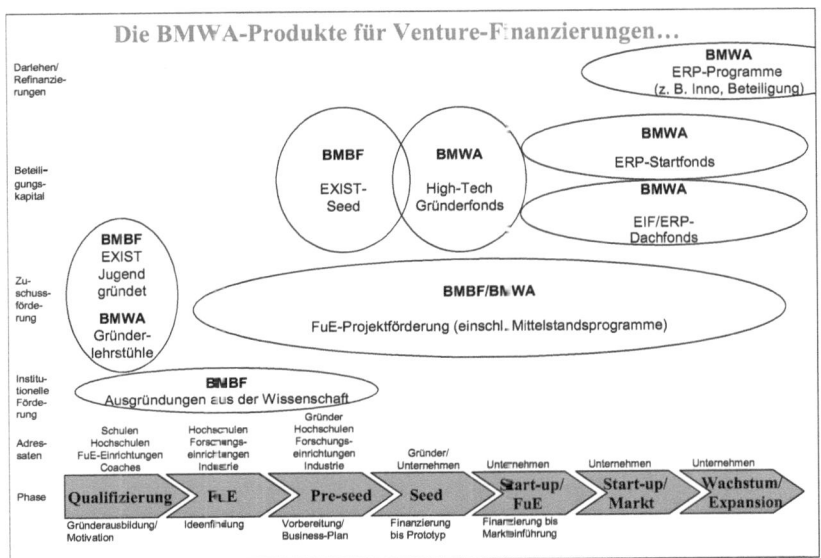

Quelle: Bundesministerium für Wirtschaft und Arbeit (BMWA 2002-2005)

Einen bemerkenswerten und ganz wichtigen Schritt in der Förderung von technolo-
gie-orientierten Unternehmensgründungen in Deutschland hat es 2004 / 2005 gegeben: Der High-Tech Gründerfonds wurde ins Leben gerufen! Er ist als Gemein-
schafts-Projekt der Bundesregierung, der Unternehmen BASF, Deutsche Telekom
und Siemens sowie der KfW-Bankengruppe im Rahmen der 2004 gestarteten Initia-
tive „Partner für Innovation" entstanden und hat im Jahr 2005 mit einem Startkapital
in Höhe von 262 Mio. Euro die Arbeit aufgenommen. 240 Mio. Euro kamen aus dem
Bundeshaushalt, 11 Mio. Euro von den 3 Industriepartnern und weitere 11 Mio. Euro
von der KfW.

Grundlagen High-Tech Gründerfonds

Volumen:	**272,0 Mio. EUR**
Investoren:	**Bund plus KfW,**
	BASF, Telekom, Siemens (1. Runde 2004),
	Daimler-Chrysler, Bosch, Carl Zeiss (2. Runde 2006)
Fokus:	**Innovative High-Tech Unternehmen**
	in der Seed-Phase
Beteiligungen:	**bis zu 500 TEUR pro Unternehmen,**
	offene Beteiligung und nachrangiges Wandeldarlehen
	zudem: finanzielles Engagement der Gründer erforderlich
	(20%) und eines weiteren Co-Investors erwünscht
Coaching-Konzept:	**Hands-on-Betreuung durch Coaches**

Quelle: eigene Darstellung, Information aus HTGF-Veröffentlichungen

Zwischenzeitlich hat der HTGF seinen Investorenkreis erweitert: Mit DaimlerChrysler (2,5 Mio. Euro), Bosch (2,5 Mio. Euro) und Carl Zeiss (1 Mio. Euro) sind drei weitere namhafte deutsche Technologiekonzerne Ende letzten Jahres (2006) dem Fonds beigetreten; damit belaufen sich die Mittel der Industrie im Fonds jetzt auf insgesamt 17 Mio. Euro. Zugleich hat auch die KfW ihr Engagement von bislang 11 Mio. Euro auf jetzt 15 Mio. Euro aufgestockt. Zusammen mit den 240 Mio. Euro aus dem Bundeshaushalt stehen dem High-Tech Gründerfonds jetzt insgesamt 272 Mio. Euro für die rund fünfjährige Investitionsphase zur Verfügung.

Zielgruppe HTGF

- ➢ **„Kleines Unternehmen" i.S.d. EU mit Sitz in Deutschland**

- ➢ **Geschäftsaktivität nicht länger als ein Jahr**

- ➢ **F&E-basierte Gründungsunternehmen**

- ➢ **Technologisches Know-how bei den Gründern vorhanden und wird in das Unternehmen eingebracht**

- ➢ **Gründungsfinanzierung reicht idealerweise bis proof of concept oder Prototyp**

Quelle: HTGF

Der High-Tech Gründerfonds stellt den Unternehmen bis zu 500.000 Euro im Rahmen einer ersten Finanzierung zur Verfügung. Die Mittel werden den Gründern in einer Kombination aus Eigenkapital und Nachrangdarlehen zu attraktiven Bedingungen angeboten. Die Gründer selbst steuern 20 Prozent der Mittel als Eigenkapital bei. Der High-Tech Gründerfonds wendet sich insbesondere auch an angehende Gründer, die mit den Förderprogrammen EXIST-Seed und EXIST-GO des Ministeriums für Bildung und Forschung auf die Gründung vorbereitet wurden.

Für die Abwicklung der Beteiligungen und die Betreuung der Unternehmen ist eine eigenständige Management-Gesellschaft zuständig, die im Forschungszentrum CAESAR in Bonn angesiedelt sein wird. Die Management-Gesellschaft wird gestützt durch ein regionales Netzwerk an erfahrenen Coaches, die sich vor Ort um die Betreuung der Gründer kümmern und sich selbst am Unternehmen beteiligen sollen

Bis zum 09.02.2007 sind 76 Beteiligungen in zugesagt worden

Zusagen nach Technologiefeldern

·Computer-Software	31,6%
·Kommunikationstechnologie	11,8%
·Biotechnologie	11,8%
·Medizin – Technik	7,9%
·Medizin – Healthcare	6,6%
·Medizin – Pharmazie	5,3%
·Elektrotechnik	5,3%
·Industrieautomation, Produktion	3,9%
·Computer-Halbleiter	3,9%
·Chemie / Werkstoffe	3,9%
·Maschinen- / Anlagenbau	2,6%
·Energie	1,3%
·Eisen / Stahl / Leichtmetallbau	1,3%
·Computer-Hardware	1,3%
·Sonstige	1,3%

Seite 23

Quelle: HTGF

3.3 Wachstumsfinanzierung mit Private Equity

Bei Wachstumsfinanzierungen mit Private Equity handelt es sich um die verschiedenen Konzepte des Later-Stage-Venture Capital sowie um Buy outs, also der Übernahme von Unternehmen durch das Management und einen Private Equity-Investor. Later-Stage-Venture Capital in seiner meistgenutzten Form ist vor allem die typische Expansionsfinanzierung. Darüber hinaus gibt es eine Reihe von besonderen Finanzierungssituationen, die ebenfalls dem Later-Stage zuzuordnen sind:

Wachstumsfinanzierung mit Private Equity

- **Management Buy out:**
  die Übernahmen des Unternehmens durch das unternehmenseigene Management

- **Management Buy in:**
  die Unternehmensübernahme durch ein externes Management

- **Bridge-Finanzierungen** für Unternehmen, die einen Börsengang vorbereiten, Umlauffinanzierung bis
  zum IPO benötigen und/oder ihre Kapitalstruktur vor dem IPO optimieren wollen.

- **Turnaround-Finanzierungen** bei Unternehmen, die nach einer Ertragsschwäche
  einen neuen Entwicklungsabschnitt einleiten wollen.

- **Replacements** in Unternehmen
  Auskaufen eines Gesellschafters (z.B. weil er die strategische Entwicklung nicht mittragen will).

- **Leveraged Buy out:**
  große Unternehmensübernahmen mit hohem Kreditfinanzierungsanteil
  und mit Minderheitsbeteiligung des Managements.

Seite 25

Quelle: eigene Darstellung, auf Basis BVK-Informationen

Exkurs MBO:

Ziel einer Private Equity-Gesellschaft ist es, ein Unternehmen zusammen mit dem Management zu übernehmen und nach einer strategischen Neuausrichtung wieder auf den Wachstumspfad zurückzuführen. Dieses Konzept hat seine Wurzeln im angelsächsischen Raum. Die Anwendungsmöglichkeiten für Buy outs sind vielfältig. In der klassischen Buy out-Situation befindet sich ein Unternehmen, wenn es durch seine Gesellschafter in seiner Entwicklung gehemmt wird. Dies ist z. B. bei vielen Tochterunternehmen oder Sparten großer Konzerne der Fall, die nicht zum Kerngeschäft gehören und sich innerhalb der Konzernstruktur nicht optimal entwickeln können. Durch einen Buy out erhalten sie ihre Unabhängigkeit und die Management- und Finanzmittel, die ihnen im Konzern vorenthalten wurden. Besonders für den Mittelstand ist der Buy out im Rahmen von Nachfolgelösungen ein wichtiges Instrument. Schon so mancher Firmeninhaber übergab sein Unternehmen in die Hände eines neuen Managements und einer Private Equity-Gesellschaft. Auch für den Staat ist das Finanzierungskonzept interessant. Er hat damit die Möglichkeit Staatsbetriebe, im Rahmen einer Privatisierung zu verkaufen. Und selbst börsennotierte Unternehmen werden von Buy out-Gesellschaften übernommen, wenn sich die Börsennotierung als entwicklungs- und entscheidungshemmend herausstellt. Nach einem Squeeze out kann das Unternehmen vom Börsenzettel genommen werden.

In jedem dieser möglichen Konzepte für Wachstumsfinanzierungen - und dies gilt für Later-Stage-Konzepte und Buy out-Transaktionen in gleichem Maße - geht es letztlich darum, die Unternehmen nach notwendigen Korrekturen von möglichen Fehlentwicklungen der Vergangenheit wieder auf Wachstumskurs zu bringen. Private Equity kommt hier sowohl als reines Eigenkapital als auch in Form verschiedener Mezzanine-Instrumente, vor allem in Form von stillen Beteiligungen und Gesellschafterdarlehen, zur Anwendung. Bei den Zielunternehmen kann es sich sowohl um noch relativ junge Unternehmen handeln, die im Technologiebereich aktiv sind und dem Status des Start ups längst entsprungen sind, als auch um bereits etabliertere Unternehmen aus dem Mittelstand in durchaus traditionelleren Bereichen. Der Later-Stage-Bereich ist nicht notwendigerweise High-Tech-orientiert. Der Mittelstand profitiert hier auch von der Vorreiterrolle junger Technologieunternehmen. Zum Teil handelt es sich um sogenannte „Hidden Champions" oder Unternehmen, die das werden wollen.

3.4 Erfolgsgeschichten von Private Equity-finanzierten Unternehmen in Deutschland

Für die USA gibt es zahlreiche Erfolgsbeispiele für mit Private Equity finanzierte Unternehmen. Die Liste der bereits genannten lässt sich beliebig fortsetzen: Federal Express, AOL, Compaq, Microsoft, Biogen, Dell, Amgen, Lucent und andere mehr. Diese Unternehmen haben sich vom Start-Up in der „Garage" dank Private Equity zu Großunternehmen entwickelt und herausragende Positionen im internationalen Wettbewerb erarbeitet. Private Equity investiert zwar aufgrund der hohen Risiken in viele verschiedene Unternehmen, aber nur ein geringerer Teil schafft den ganz großen Durchbruch

Gibt es solche Unternehmen auch in Deutschland? Ja, es gibt sie. Sie sind in der Mehrzahl noch keine Großkonzerne und bei weitem nicht so bekannt wie ihre amerikanischen Konkurrenten. Aber sie haben Basisprodukte oder –technologien oder neue Dienstleistungskonzepte entwickelt und sind in ihren Nischen sowohl national als auch international erfolgreich.

3.5 3 Beispiele erfolgreicher Unternehmensgründungen

Mobilcom AG

Eines der bekanntesten Technologieunternehmen in Deutschland ist die Mobilcom AG, Schleswig. Dabei handelt es sich bei diesem Unternehmen nicht um einen Produzenten neuer Produkte, sondern um einen Kommunikations-Dienstleister, der mit seinem Vertriebs- und Preissystem innovativ wurde und einen wesentlichen Beitrag zum Aufbrechen des Kommunikationsmarktes leistete. Der Gründer, Gerhard Schmid, steuerte 1991 zur Gründung TDM 750 bei und besorgte sich sein erstes Startkapital von 3 Mio. DM von der Kapitalbeteiligungsgesellschaft Schleswig-Holstein und der tbg Technologiebeteiligungsgesellschaft, später stießen die HANNOVER Finanz und 3i dazu, die weitere 10 Mio. DM an Eigenkapital zuführten.[9]

Von der Gründung 1991 bis 2001 hat sich Mobilcom vom Start up zum Großunternehmen entwickelt. Das Unternehmen konnte den Umsatz innerhalb der ersten 10 Geschäftsjahre mit großen Zuwachsraten pro Jahr auf stolze 2,6 Mrd. € im Jahr 2001 steigern.[10] Im gleichen Jahr beschäftigte der Konzern insgesamt 5.681 Mitarbeiter, wies eine Eigenkapitalquote von 34,2 % aus und zahlte 42 Mio. € an Ertragsteuern.

Mobilcom ist aber nicht nur ein Beispiel für eine außerordentlich positive Unternehmensentwicklung, die vergleichbar ist mit der zahlreicher amerikanischer Konzerne. Das Unternehmen ist auch ein Beispiel

---

[9] P. Gillies, Die ErfolgReichen, München 1998, S. 144
[10] Mobilcom AG Geschäftsbericht 2002, Konzern-Abschluss der Mobilcom AG, S. 60, 124

für Fehler, die jedoch nicht den ehemals beteiligten Private Equity-Gesellschaften anzulasten sind. Fehlentscheidungen, auch persönliche des Gründers, und Fehleinschätzungen von Entwicklungen bzw. Überschätzungen der eigenen Möglichkeiten, Mobilcom hatte mit France Telecom für 8,4 Mrd. € eine UMTS-Lizenz ersteigert, brachten das Unternehmen in wirtschaftliche Turbulenzen und den Gründer in arge Schwierigkeiten.

AIXTRON AG

Die AIXTRON AG, Aachen, ist ein Unternehmen, das mit ultrahellen Leuchtdioden auf der Basis von Verbindungs-Halbleitern auf Galliumarsenik-Basis den Anfang einer Revolution in der Beleuchtungstechnik einleitete. Die produzierten Halbleiter sind achtmal schneller als herkömmliche Halbleiter. Das Unternehmen ging aus einem Spin off aus der Rheinisch-Westfälischen Technischen Hochschule Aachen hervor. [11] In den ersten 15 Jahren erhielt das Unternehmen für seine Entwicklungen lediglich 5 Mio. DM an staatlichen Fördermitteln. Darüber hinaus investierte HANNOVER Finanz mittels zweier Fonds seit 1990 rund 18,5 Mio. € Private Equity.[12]

Allein von 1997 bis 2001 wurde der Umsatz von 39,8 Mio. € auf 240,1 Mio. € auf das Sechsfache gesteigert, die Zahl der Mitarbeiter nahm um fast das Vierfache von 141 auf 517 zu, die Eigenkapitalquote von AIXTRON liegt seit Jahren deutlich über 50 % und das Unternehmen zahlte allein im Jahr 2001 Ertragsteuern von 24,2 Mio. €. AIXTRON hat nicht nur seine Marktposition in Deutschland gefestigt, sondern ist inzwischen zu einem internationalen Unternehmen geworden. Das Unternehmen unternahm Anfang 1998 einen erfolgreichen Börsengang, bei dem die Anteile der HANNOVER Finanz verkauft wurden. Die veränderte wirtschaftliche Konjunktur hat aber auch diesem Unternehmen zugesetzt. Die Mitarbeiterzahl musste 2002 auf 495 reduziert werden und der Umsatz verringerte sich auf 150,7 Mio. €.[13]

Qiagen

Das Biotechnologieunternehmen Qiagen wurde bereits 1986, also vor dem eigentlichen Boom der Biotechnologie in Deutschland, gegründet. Es beschäftigt sich nach eigenen Angaben mit F&E-Aufgaben in den Bereichen DNA und RNA, Genomics, Clinical Diagnostics und Genetic Therapy/Genetic Vaccination. In den ersten zehn Jahren konnte das Unternehmen 250 Produkte entwickeln und allein 1999 kamen 24 neue Produkte dazu. Zudem konnte das Unternehmen seine F&E-Kapazitäten durch Zukäufe ausbauen und operiert seit den 90er Jahren international - der Sitz der Zentrale wurde in die Niederlande verlegt. Um die rasche Entwicklung zu gewährleisten, nahm Qiagen frühzeitig drei Private Equity-Gesellschaften als Partner auf, darunter die RBS und TVM. Vor dem Börsengang am Neuen Markt 1997 hielten sie zusammen rund 30 % der Unternehmensanteile und veräußerten diese beim IPO zum Teil. Aufgrund der langwierigen F&E-Aufgaben dauert es bei Biotechnologieunternehmen geraume Zeit, bis nennenswerte Umsätze generiert werden können. 1992, sechs Jahre nach der Gründung, betrug der Umsatz 11,4 Mio. $. 1998, nach weiteren sechs Jahren waren es 120,8 Mio. $ und 2002 erreichte der Umsatz 298,6 Mio. $. Die Mitarbeiterzahl lag 1996 bei 500, stieg 1999 auf 1.000 und betrug 2002 insgesamt 1.600. Qiagen hat heute 10 Tochterunternehmen weltweit, operiert an 19 Standorten in 12 Ländern und verfügt über ein in 30 Ländern agierendes Vertriebssystem. Die Produkte des Unternehmens werden weltweit von ca. 400.000 Wissenschaftlern genutzt.[14]

---

[11] Peter Gillies, a.a.O., S. 34ff.
[12] Angaben der HANNOVER Finanz GmbH
[13] AIXTRON AG Geschäftsbericht 2002, Cover
[14] Zahlen zur Entwicklung von Qiagen siehe Geschäftsberichte der Qiagen AG/NV, www.qiagen.com

3.6 Langfristige volkswirtschaftliche Effekte in Deutschland

Auch der BVK setzte sich früh mit den wirtschaftlichen Effekten von Private Equity-Finanzierungen auseinander. Dazu wurden für der deutschen Markt mehrere Studien durchgeführt. Die wichtigsten Ergebnisse sollen hier einmal zusammengefasst werden.

Die Auswertung der betriebswirtschaftlichen Kennziffern der befragten Unternehmen belegt in allen Studien, dass sich durch Private Equity finanzierte Unternehmen überdurchschnittlich entwickeln:

- Während im Untersuchungszeitraum im Bundesdurchschnitt 5,2 % der Arbeitsplätze abgebaut wurden, erhöhten Private Equity-finanzierte Unternehmen die Beschäftigung um 17,2 %.
- Private Equity-finanzierte Unternehmen haben ein deutlich höheres Umsatzwachstum als vergleichbare Unternehmen. Gegenüber den aus der Bundesbankstatistik entnommenen Werten westdeutscher Unternehmen beträgt die Differenz zwischen 2,4 und 7,9 %.
- Auch beim Unternehmenserfolg zeigen sich Private Equity-finanzierte Unternehmen erfolgreicher als der Durchschnitt. Während die Umsatzrendite in Westdeutschland zwischen 1,9 und 2,6 % schwankte, erreichten Private Equity-finanzierte Unternehmen Werte zwischen 2,8 und 3,3 %.
- Die Private Equity-Finanzierung hat zudem positiven Einfluss auf die Kapitalstruktur. Eine hohe Eigenkapitalausstattung ist Grundlage für das Wachstum von Unternehmen und ein Risikopuffer. Die niedrige durchschnittliche Eigenkapitalquote in Deutschland im internationalen Vergleich ist seit Jahren ein Diskussionsthema. In Westdeutschland lag diese nach Bundesbankangaben zwischen 17,6 und 18,2 %. Private Equity-finanzierte Unternehmen wiesen hier signifikant höhere Quoten von 24,8 bis 28,5 % aus.
- Darüber hinaus konnte bei den Private Equity-finanzierten Unternehmen ein starkes Wachstum der Exportquote festgestellt werden. Außerdem liegt die Exportquote über der vergleichbarer Unternehmen im Bundesdurchschnitt.
- Neben der finanziellen Unterstützung profitierten die Unternehmen auch vom weiteren Know how der Private Equity-Gesellschaften. Für fast 46 % war die Beteiligungsgesellschaft wichtiger Ideengeber und für 70 % kompetenter Diskussionspartner 59 % nutzten die finanzielle Beratung.
- Unternehmen, die Private Equity erhalten haben, sind investitionsintensiver als vergleichbare Unternehmen. Die Investitionsquote von Private Equity-finanzierten Unternehmen lag mit 4,7 bis 5,4 % über der anderer Unternehmen mit 4,0 bis 5,0 %.

Der deutsche Private Equity-Markt hat sich zu einer volkswirtschaftlich nicht zu vernachlässigenden Größe entwickelt. Am Jahresende 2006 hielten die im BVK organisierten Private Equity-Gesellschaften rund 5.986 Unternehmen in ihren Portfolios – vom Kleinstunternehmen bis zum Großunternehmen mit mehreren tausend Beschäftigten. Diese Portfoliounternehmen erwirtschafteten mit 758.000 Beschäftigten einen Gesamtumsatz von rd. 138 Mrd. €. Die tatsächlichen Beschäftigten- und Umsatzzahlen liegen sogar über diesen Werten, da die wirtschaftlichen Kennziffern nicht aller Unternehmen in der Verbandsstatistik angegeben wurden. Im Vergleich mit anderen, z. T. hochgradig subventionierten Wirtschaftssektoren wie Landwirtschaft, Kohlebergbau und Schiffbau nimmt die Gruppe der Private Equity-finanzierten Unternehmen eine herausragende Stellung bei Umsätzen und Beschäftigtenzahlen ein.

Die hier beispielhaft angeführten nationalen und internationalen Untersuchungen belegen klar den positiven Effekt auf die Entwicklung von Unternehmen einerseits und die gesamte Volkswirtschaft andererseits. Ein funktionierender Private Equity-Markt steigert die Wachstumsdynamik einer Volkswirtschaft sowie die Innovations- und Leistungsfähigkeit.

4. Private Equity als Anlageklasse

Im Kapitalmarkt stellt Private Equity eine eigene Anlageklasse dar. Daneben stehen etabliertere Assets wie Aktien, Anleihen oder Rentenpapiere als direkte Investitionsobjekte oder in Form von Fonds. Alle Anlageklassen unterscheiden sich vor allem hinsichtlich ihrer Rendite-/Risikostruktur und ihrer Liquidität. Über sie werden wirtschaftliche Entwicklungen beeinflusst und die Investoren wollen damit Vermögen und Wohlstand mehren.

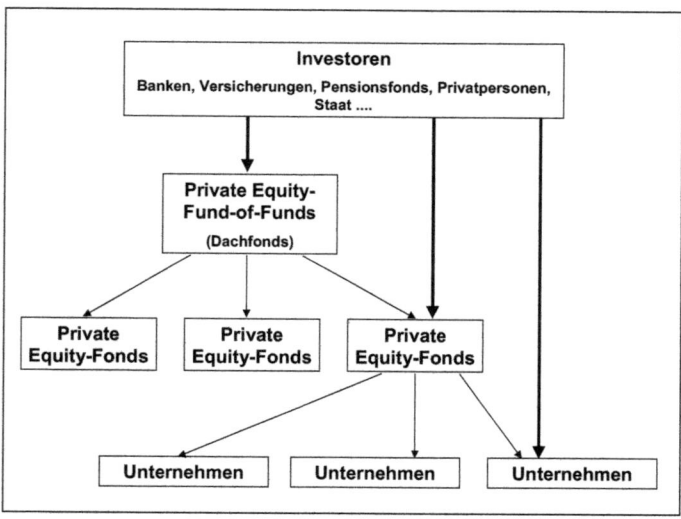

Abbildung 5: Drei Varianten für Private Equity-Anlagen
Quelle: eigene Darstellung auf Basis BVK-Materialien

Investitionen in die Anlageklasse Private Equity sind in verschiedener Form möglich. Investoren können selbst als Private Equity-Geber auftreten und direkt in Unternehmen investieren. Diese Variante wird von Business Angels genutzt, die als in der Regel vermögende Privatpersonen direkt Unternehmensanteile übernehmen und eigene Branchenerfahrungen nutzen. Der Investor braucht dafür ein nicht unerhebliches Know how bei der Auswahl von Investitionsmöglichkeiten, der Unterstützung des Managements und der Veräußerung seiner Anteile. Es bedarf eines deutlichen zeitlichen Engagements. Zudem lässt sich das Risiko nur auf wenige Beteiligungsunternehmen verteilen, was möglicherweise eine nachteilige Rendite-/Risikostruktur der angelegten Mittel mit sich bringt.

Viele Investoren nutzen deshalb als Einstieg in die Private Equity-Branche und zur besseren Risikostreuung das Instrument des Fund-of-Funds. Verschiedene Investoren zahlen hierbei in eine Dachfondskonstruktion ein. Der Fund-of-Funds wiederum investiert in verschiedene Private Equity-Fonds, wodurch eine ausreichende Streuung der Risiken unter einer Vielzahl von Beteiligungsunternehmen gewährleistet ist.

Erfahrene Private Equity-Investoren oder Investoren mit umfangreichen Mitteln, die eine ausreichende Risikostreuung garantieren, umgehen dagegen die Dachfondskonstruktion und treten direkt als Fondsinvestor auf oder agieren im Markt mit eigenen Gesellschaften bzw. Fonds oder Direktinvestments.

4.1 Die Private Equity-Investoren

Der Markt unterscheidet zwischen offenen Fonds bei sogenannten Captives (abhängigen Gesellschaften) und geschlossenen Fonds bei sogenannten Independents (unabhängigen Fonds). Bei offenen Fonds handelt es sich um Private Equity-Gesellschaften, die entweder einen industriellen (Corporate industrial) oder finanziellen (Corporate financial) Hintergrund haben. Die jeweilige Muttergesellschaft der betreffenden Private Equity-Häuser stellt diesen einen Finanzrahmen für Investitionen zur Verfügung, Fund raising im üblichen Sinne wird nicht durchgeführt.

Offene Fonds sind zeitlich nicht begrenzt, das Volumen wird durch den Finanzrahmen definiert und kann verändert werden. Sie partizipieren sowohl an laufenden Erträgen (Zinsen auf stille Beteiligungen oder Gesellschafterdarlehen), zielen aber auch auf den Exit und können Erträge re-investieren.

Geschlossene Fonds betreiben Fund raising, d. h. sie werben freie, Anlage suchende Gelder bei Investoren ein. Als Investoren in Private Equity-Fonds kommen institutionelle und private Investoren in Frage. Institutionelle Investoren können Kreditinstitute, Versicherungen, Pensionsfonds, Unternehmen, akademische und staatliche Einrichtungen sein. Private Anleger können direkte Commitments zeichnen, die aber erst ab einer bestimmten Größenordnung möglich sind, oder Anteile von Dachfonds (Fund-of-Funds) zeichnen, die ihrerseits nicht direkt in Unternehmen, sondern in verschiedene Private Equity-Fonds investieren.

Abbildung 6: Struktur des Fundraisings in Deutschland 2006

	2006			
	in Mio. Euro	Anteil in Prozent		
Kreditinstitute	379,2	13,4		
Versicherungen	352,2	12,5		
Pensionsfonds	149,0	5,3		
Industrie	25,9	0,9		
Private Anleger	505,3	17,9		
Öffentlicher Sektor	295,0	10,5		
Akademische Institutionen	50,5	1,8		
Kapitalerträge für Re-Investitionen	235,3	8,3		
Fonds in Fonds	539,4	19,1		
Kapitalmarkt	221,5	7,9		
Sonstige	66,2	2,3		
Gesamtsumme	2.819,5	100,0		

Quelle: BVK Statistiken 2006

In Deutschland sind Kreditinstitute seit den Anfängen der Entwicklung des Marktes die wohl wichtigste Quelle für Private Equity. Dabei entfällt ein großer Teil der Mittelbereitstellung durch Banken auf die bankeigenen Private Equity-Gesellschaften. Mit weiteren Mitteln beteiligen sie sich als Investor am reinen Fund raising für unabhängige Fonds. Gleiches gilt für Unternehmen im industriellen und Dienstleistungsbereich, die als Investoren mit eigenen Corporate-Gesellschaften auftreten oder sich an Fonds beteiligen.

Eine weitere bedeutende Investorengruppe stellen Versicherungen dar, die sich als typische Finanzinvestoren in Fonds direkt oder über Dachfonds beteiligen. Pensionsfonds sind eine weitere Quelle für Private Equity, wobei die in Deutschland erst kürzlich eingeführten Pensionsfonds noch keine Rolle spielen. Sofern in der Statistik Pensionsfonds als Investoren auftreten, handelt es sich um ausländische Gesellschaften, die im Rahmen von international eingeworbenen Fonds in der Statistik erscheinen.

In den USA und Großbritannien dominieren Pensionsfonds als Quelle von Private Equity gefolgt von Versicherungen – beides Einrichtungen zur Absicherung der Altersvorsorge. In beiden Ländern haben sie die Anlageklasse Private Equity genutzt, um mit relativ kleinen Anteilen ihrer Mittel einen überdurchschnittlichen Return zu erzielen, der den Kunden zugute kommt. In den USA dürfen Pensionsfonds bis zu 10 % ihrer Mittel in alternative Anlageklassen wie Private Equity investieren. Es gibt in den USA ca. 46.000 Pensionsfonds, davon über 42.000 Firmenfonds, die zusammen 6-7 Mrd. $ Anlagevermögen verwalteten.

4.1.1 Pensionsfonds in Deutschland als Quelle von Private Equity

Die Pensionskassen in Deutschland sind nicht mit denen in den USA und anderen Ländern zu verwechseln, da ihre Aufgaben eher denen einer Versicherung entsprechen. Pensionsfonds, die vergleichbar mit jenen in den USA und anderswo wären, sind in Deutschland neu. Sie wurden erst im Zusammenhang mit der sogenannten Riester-Rentenreform zum 1.1.2002 zugelassen. Sie verfügen derzeit nur über vergleichbar geringe Mittel.

Schätzungen gehen davon aus, dass mittel- bis langfristig bei den zwischenzeitlich gegründeten und zugelassenen Pensionsfonds ein kumuliertes Anlagevolumen im zweistelligen Milliardenbereich entstehen kann. Wenn diese Pensionsfonds dann bis zu 10 % ihrer Mittel in Private Equity investieren würden, kämen Commitments in Milliardenhöhe zustande. Das allerdings braucht Zeit und vor allem müssen die Managements der Pensionsfonds erst Erfahrungen im Umgang mit Private Equity sammeln.

4.1.2 Versicherungen und Private Equity

Bei den Versicherungen in Deutschland sieht die Situation anders aus. Sie blicken auf eine längere Geschichte zurück und verfügen über gigantische Mittel. Der Bestand abgeschlossener Lebensversicherungen allein bei den Lebensversicherungsunternehmen erreicht mittlerweile eine Summe von über 2.000 Mrd. €.

Die Anlagevorschriften für Versicherungen wurden deutlich erweitert, so dass sie sich mehr als bislang in Private Equity engagieren können.

Die Versicherungswirtschaft hat noch große Potentiale in Bezug auf ihr Engagement in Private Equity. Setzt man modellhaft die Anteile der bereits erfolgten Engagements der Versicherungen in Private Equity auf deren Anlagevolumen an, so entsprächen 1,2 % insgesamt 23,5 Mrd. €. Bei einem konstanten Anteil der in Private Equity investierenden Versicherungen von 40 % entspricht dies 9,4 Mrd. € bzw. 17,2 Mrd. €. Auch wenn man bedenkt, dass diese Versicherungssumme in diesem Umfang noch nicht eingezahlt ist, stehen zukünftig rein rechnerisch gewaltige Summen für Investitionen in Private Equity zur Verfügung.

Beiden Gruppen von Investoren - Versicherungen und Pensionsfonds – müssen in Deutschlan durch günstige Rahmenbedingungen ein Anreiz geschaffen werden, die Anlageklasse Private Equity stärker zu nutzen. Durch die demografische Entwicklung in Deutschland nimmt die Zahl der Erwerbstätigen stetig ab und dementsprechend die Zahl der Rentner zu. Die bestehenden Sozial- und Rentensysteme in Deutschland sind damit überfordert und bedürfen einer Neuausrichtung ihrer Finanzierung. Vor allem das Rentensystem muss neben einer staatlichen Mindestabsicherung in viel größerem Maße die Möglichkeiten der privaten Altersvorsorge einschließen. Private Equity als Anlageklasse kann sich nach US-amerikanischem Vorbild zu einer wesentlichen Quelle für die Absicherung der Altersvorsorge entwickeln und zu einer wesentlichen Säule künftiger Altersvorsorgesysteme werden.

4.1.3 Private Anleger als Quelle von Private Equity

Auch der private Anleger kommt künftig stärker als Quelle für Private Equity in Frage. Das Gesamtvermögen der Deutschen beläuft sich auf einen Wert zwischen 7 und 10 Bill. €, davon entfällt ca. 40% auf Geldvermögen, 40 % auf Immobilien und etwa 10% auf Gebrauchsvermögen. Die Geldflüsse in verschiedene Anlageklassen werden durch die Strukturen des Finanzsystems, vor allem aber die des Steuersystems, und die Strukturierung der Altersvorsorge beeinflusst. Zwar hat der Börsenboom in der zweiten Hälfte der 90er Jahre dazu geführt, dass der Anteile der privaten Aktionäre und der Besitzer von Investmentzertifikaten in Deutschland stark zugenommen haben. Von vergleichbaren Strukturen des Geldvermögens wie in anderen Ländern ist Deutschland aber noch weit entfernt. Dennoch liegen hier große Volumina brach, die zum Teil in Private Equity, z. B. über Dachfonds gelenkt werden könnten.

In den kommenden Jahren werden über 15 Mio. Haushalte in Deutschland etwa 2 Bill. € erben.[15] Diese Erbmasse besteht aus Geldvermögen, Immobilien, Betriebs- und Gebrauchsvermögen. Etwa 1,5 Mio. Haushalte werden jeweils mehr als 266 T€ erben und daher nach alternativen Anlageklassen suchen. Zwar wird die künftig stärkere private Vorsorge auch Teile der Vermögen verzehren, aber mit der steigenden Lebenserwartung nimmt auch der Konsumbedarf im Alter zu. Damit stehen auch die Erben vor der Frage, wie in welche Anlageklassen sie Teile ihrer Erbmasse investieren. Und Private Equity bietet die Möglichkeit, überdurchschnittlich hohe Renditen zu erwirtschaften.

4.2 Das typische Private Equity-Fondsmodell

Quelle: eigene Darstellung und BVK-Materialien

---

[15] Deutsches Institut für Altersvorsorge, www.dia-vorsorge.de

Primäres Ziel einer Investition in Private Equity ist eine attraktive Rendite bei ange-
messenem Risiko. Die Renditepotenziale von Private Equity sind enorm. Eine Verviel-
fältigung der Anfangsinvestition ist möglich. Gleichzeitig liegt das Verlustpotenzial einer Beteiligung bei deren Scheitern bei 100 %. Entsprechend stark schwanken auch
die realisierten Renditen von Private Equity-Investitionen im Zeitablauf.

Motivation

Venture Capital dient der Erwirtschaftung
überdurchschnittlicher Renditen ...

> „Make more money than everyone else
> in much shorter a time than everyone else!"
>
> *Stephen Fleming, General Partner*
> *Alliance Technology Ventures*

Die *Performance* des Venture Managements ist entscheidend...

Seite 31

Was bedeutet *Performance*?

Erwartung des Investors:

➢ Mindestens 15 % p.a. Netto-Rendite

Netto bedeutet:

➢ Nach Abzug der Management-fee und des Gewinnanteils der
Managementgesellschaft

**Das bedeutet für die einzelne Beteiligung
eine Ziel-Rendite von ca. 30 % p.a.**

Seite 32

Was bedeutet *Performance*?

Durchschnittliche Struktur eines Fonds-Portfolios		
20 - 30 %	„Flops":	Totalverlust
		Rendite negativ
40 - 60 %	„Lame Ducks":	Erwartung nicht erfüllt Rendite 0-30 % p.a.
10 - 20 %	„High flyers":	Erwartungen übererfüllt
	„Stars":	Rendite über 30 %, z.T. mehrere Hundert p.a.

Seite 30

Der Performance-Prozess

Venture Capital erfordert eine starke Selektion...

Erstes Gespräch	← 100 anfragende Unternehmen
Vorprüfung	← 40 Unternehmen
intensive Prüfung	← 20 Unternehmen
Verhandlung	← 5 - 8 Unternehmen
Vertragsabschluß	← 1 - 3 Unternehmen

➢ Beteiligungskapital ist kein Massenprodukt

➢ Beteiligungskapital ist nicht für jedes Unternehmen die ideale Finanzierungsform – nicht jedes Unternehmen ist für Beteiligungskapital geeignet

➢ „Man kann Unternehmen nicht wie Anzüge von der Stange kaufen."

Seite 34

Performance durch Due Diligence…

Aufgrund der Vielzahl der Einflussfaktoren auf ein Investment wird im Vorfeld der Beteiligung eine umfassende Due Diligence durchgeführt

- Finanzielle DD
  - Stimmen die Finanzkennzahlen? Wie wirkt sich eine EK-Beteiligung bilanziell aus? Etc.
- Kommerzielle DD
  - Sind die Umsatz- und Renditeerwartungen des Unternehmens für die angebotenen Produkte/Services realistisch?
- Technische DD
  - Wie gut ist das Produkt/der Service im Vergleich mit dem Wettbewerb?
- Juristische DD
  - Auf welche haftungsrelevanten Dinge ist im Falle einer Direktbeteiligung am Unternehmen zu achten?
- Management DD
  - Ist das Management kompetent? Stimmt die Chemie mit dem VC-Geber? Kann über einen längeren Zeitraum hinweg ein Vertrauensverhältnis aufgebaut werden?

4.2.1 Der Exit von Private Equity-Beteiligungen

Wie eingangs erläutert entspringen die Renditen vor allem den Veräußerungserlösen z. T. aber auch den laufenden Erträgen aus Mezzanine-Instrumenten (stille Beteiligung, Gesellschafterdarlehen, Genussscheine).

Der Verkauf von Beteiligungen erfolgt im Wesentlichen auf drei Wegen: über einen Börsengang (IPO), an industriell interessierte Investoren (Trade sale) oder an andere Finanzinvestoren (Secondary purchase).

Abbildung 7: Entwicklung der Exits in Deutschland 2004-2006

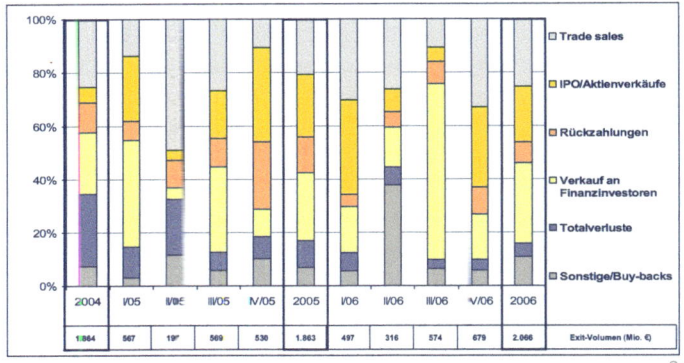

Exits

Trade Sales und größere Verkäufe an andere Beteiligungsgesellschaften (Secondaries) dominieren Exit-Geschehen.

33

Vernachlässigt man die Verluste der letzten Jahre, die der Überhitzung der Private Equity-Märkte Ende der 90er Jahre und der nachfolgenden Konsolidierung mit Portfoliobereinigungen geschuldet sind, so dominieren klar die oben genannten Exitwege „Trade Sales" und „Secondaries". Der Börsengang **(IPO)** ist zwar ein für die Investoren optimaler Weg des Verkaufs („der Königsweg"), weil er in einem günstigen Börsenumfeld außergewöhnlich hohe Renditen ermöglicht. Der hauptsächliche Weg der Veräußerung ist jedoch der **Trade Sale**, der zahlen- und volumenmäßig an der Spitze liegt und immer noch überdurchschnittlich hohe Renditen ermöglicht.

Auch hier zeigt sich ein weiteres Element der volkswirtschaftlichen Bedeutung. Das Ziel der industriellen Käufer eines mit Private Equity finanzierten Unternehmens ist die Nutzung der Produkte und/oder Technologien sowie der vorhandenen F&E-Potenziale. Diese kann er selbst nur mit größerem Aufwand bei eigener Entwicklung realisieren. Die daraus resultierenden Synergieeffekte für den Käufer sind kaum zu beziffern. Der Trade Sale bietet aber auch für das übernommene Unternehmen Synergieeffekte und Potenziale, denn im Verbund sind neue Kunden und eine stärkere Marktdurchdringung oft besser zu realisieren.

4.2.2 Die Rendite von Private Equity-Investitionen

Langfristig betrachtet erzielen Private Equity-Fonds im Vergleich mit anderen Anlageformen überdurchschnittliche Renditen. In den USA und Europa gibt es Untersuchungen über die Renditen im Private Equity-Geschäft. Das Investment der American Research & Development (ARD) in Digital Equipment Corp. brachte eine jährliche Rendite von 130 % - das ist der Stoff für Legenden. Von 1946-1966 erzielte die ARD eine durchschnittliche Rendite von 14 %, Bessemer Ventures erzielten von 1967-1974 eine compound IRR von 17 % und Hambrecht & Quist von Beginn bis 1972 eine compound IRR von 15 %.[16] Die Renditen von Private Equity liegen also langfristig im Bereich 10-20%, das obere Quartil darüber und in Jahren mit einer guten Börsenverfassung sind noch höhere Renditen möglich.

Zu beachten ist, dass die durchschnittliche Laufzeit eines Private Equity-Fonds 10 Jahre beträgt und damit kurzfristige Schwankungen innerhalb der Laufzeit ausgeglichen werden können. Zudem liegt es in der Natur des Fondskonzepts, dass Fonds, die sich am Beginn ihres Lebenszyklus befinden, eine niedrigere Rendite erzielen als ältere Fonds. Der Grund dafür ist, dass die Fonds in den ersten Jahren vor allem investieren, Erlöse aus dem Verkauf von Beteiligungen jedoch nur selten zufließen. Dies ändert sich mit zunehmender Laufzeit der Fonds, so dass die Rückflüsse zum Ende der Fondslaufzeit die Abflüsse deutlich übersteigen.

---

[16] Vgl. William D. Bygrave, Jeffry A. Timmons, a.a.O., S. 150 ff.

Return on Investment

Erfolg m Venture Capital definiert sich über mitte‑ bis langfristige IRR-Betrachtungen

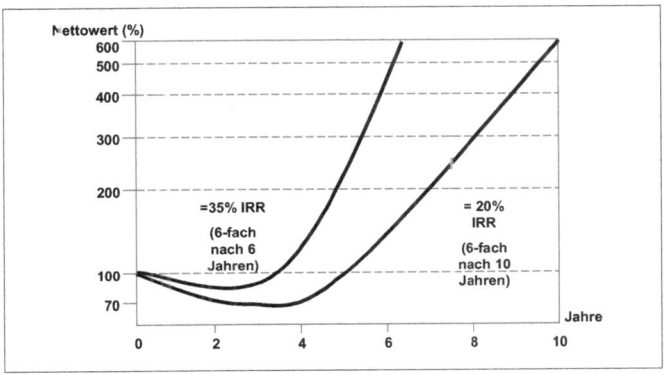

Quelle: eigene Darstellung auf Basis BVCA (British Venture Capital Ass.)

Auffällig ist, dass trotz der „Ausreißer" bei den kurzfristigen Renditen, die langfristige Performance annähernd unverändert bleibt. Langfristig, also mindestens über die normale Fondslaufzeit von 10 Jahren betrachtet, erzielte die Anlageklasse Private Equity unabhängig von kurzfristigen Schwankungen höhere Renditen als alternative Anlageklassen. Dies ist verständlich, wenn man die einzelnen Anlageklassen unter Risikogesichtspunkten vergleicht und einen proportionalen Zusammenhang von Rendite und Risiko zu Grunde legt. Private Equity-Investitionen sind Beteiligungen in nicht börsennotierte Unternehmen mit einem hohen Ausfallrisiko und eine höhere Verzinsung der Investitionen ist zwangsläufig notwendig. Alternative Anlageklassen weisen ein vergleichsweise niedrigeres Risikopotenzial auf, vor allem aufgrund geringerer Verlustrisiken.

Abbildung 8: Renditevergleich verschiedener Anlageformen

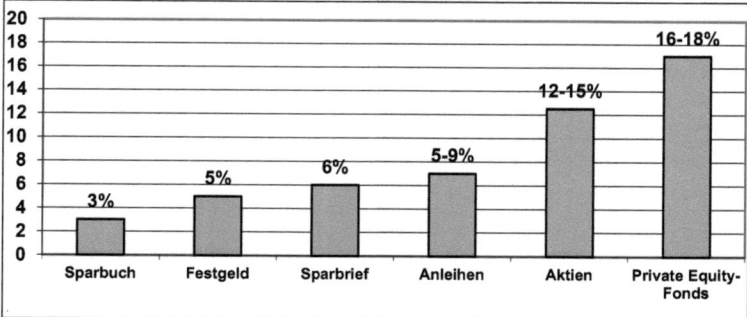

Quelle: Mackewicz & Partner, Investoren in Private Equity-Fonds –
ein Markt im Aufbruch, München 2003

5. Verbesserung der Rahmenbedingungen für Private Equity

Deutschland und die EU-Staaten stehen vor zahlreichen Herausforderungen. Die Wirtschaft muss wieder wachsen, die Unternehmensfinanzierung modernisiert, die existierenden Sozialabsicherungssysteme umgebaut, die hohe Arbeitslosigkeit abgebaut und die Krise in den Staatsfinanzen unter Kontrolle gebracht werden. In diesem Kontext muss der Private Equity-Branche die Möglichkeit gegeben werden, ihren Beitrag zur Lösung der anstehenden Aufgaben zu leisten.

Dazu bedarf es jedoch verbesserter Rahmenbedingungen![17]

Die für die Private Equity-Branche relevanten Rahmenbedingungen sind weit entfernt von einer optimalen Ausgestaltung. Im Frühjahr 2003 veröffentlichte der Europäische Private Equity- und Venture Capital-Verband EVCA eine Studie zum Vergleich der rechtlichen und steuerlichen Rahmenbedingungen für Private Equity und Venture Capital. Untersucht wurden Fondsstrukturen, Fusionsregelungen in Bezug auf Private Equity, Pensionsfonds, Unternehmenssteuern, Kapitalertragsteuern für Privatanleger, Steueranreize für private Anleger, die Besteuerung von Stock Options, die unternehmerische Umwelt und die fiskalischen Anreize für F&E in 15 europäischen Staaten.

---

[17] Siehe dazu: EVCA, White Paper, Priorities for Private Equity, Brussels, 1998

Rahmenbedingungen (I)

⟹ **Deutschland liegt im Vergleich der Rahmenbedingungen
für Private Equity von 21 europäischen Ländern
auf dem dreizehnten Platz,
hinter Griechenland, Spanien und Portugal...**

Quelle: EVCA Benchmarking Paper 2003

➢ Was brauchen wir? Was muss geschehen?

Quelle: EVCA Seite 40

Die Untersuchung kommt zu dem Ergebnis, dass Großbritannien, Irland und Luxemburg die besten Rahmenbedingungen für Private Equity und Venture Capital in Europa haben. Die Bundesrepublik Deutschland lag auf dem dreizehnten Rang hinter Griechenland, Spanien und Portugal! [18]

Für Deutschland kam die Studie zu folgenden Ergebnissen: Nur die Fondsstrukturierung mittels einer KG wurde als vorteilhaft eingeschätzt. Die anderen Kriterien für die steuerlichen und rechtlichen Rahmenbedingungen wurden durchweg negativ beurteilt. Bei der Fondsstrukturen wurden die Besteuerung der Managementgebühren und des Carried Interest kritisiert. Ebenso nachteilig wurden die Restriktionen für Pensionsfonds hinsichtlich der Investitionen in Beteiligungsfonds und die Regulierungen bei Fusionen eingeschätzt. Auf der steuerlichen Seite wurden die überdurchschnittlichen Unternehmenssteuern und die überdurchschnittliche Kapitalertragsteuer für Privatpersonen sowie fehlende steuerliche Spezialregelungen für KMU's genannt. Negativ bewertet wurde zudem das Fehlen von steuerlichen Anreizen für Privatpersonen, in Private Equity zu investieren. Für Existenzgründer wurden Nachteile bei der Unternehmensgründung aufgrund der hohen Zeit-, Kosten- und Kapitalanforderungen festgestellt. Den schlechtesten Wert im europäischen Vergleich erhielt Deutschland für die finanziellen Anreize bei Forschung und Entwicklung.

Die Forderungen der Private Equity und Venture Capital-Branche zur Verbesserung der Rahmenbedingungen sind bekannt und liegen auf dem Tisch:

---

[18] EVCA Benchmark Paper, Benchmarking European Tax & Legal Envirnoments, EVCA Brussels 2003

Rahmenbedingungen (II)

➢ Was brauchen wir? Was muss geschehen?

- Schaffung einer unternehmerischen Umwelt:
  verbessertes Klima für Unternehmertum und Gründungsgeschehen
- Schaffung von steuerlichen Anreizmechanismen,
  günstige steuer- und gesellschaftsrechtliche Rahmenbedingungen
- Entwicklung langfristige Kapitalquellen für Private Equity
- Schaffung der Voraussetzungen für Private Equity-Fonds
- Staatliche Förderung (bei Marktversagen) und Forcierung von
  Public Private Partnership (PPP) Modellen auch im PE-Business

Quelle: EVCA Seite 41

1. *Schaffung einer unternehmerischen Umwelt:* Voraussetzung hierfür ist die Entwicklung unternehmerischer Mentalitäten und eines positiven Gründungsklimas. Bildung und Wissenschaft müssen sich verstärkt unternehmerischer Themen annehmen. Das Recht an geistigem Eigentum muss so geregelt sein, dass Ausgründungen aus wissenschaftlichen Einrichtungen problemlos möglich sind und Patente kommerzialisiert werden können. Ein wesentlicher Aspekt ist die Schaffung eines flexiblen Arbeitsrechts und Arbeitsmarktes, der auf die Anforderungen der Wirtschaft reagieren kann. Bürokratische Hürden, die die Gründung neuer Unternehmen erschweren oder gar vereiteln, müssen abgeschafft werden. Das Image des Unternehmers muss weiter verbessert werden: Er ist derjenige, der Risiken auf sich nimmt, aus Erfolg Vermögen erwirbt, Arbeitsplätze schafft, aber auch seiner sozialen Verantwortung gerecht wird. Es muss Vertrauen bei Managern und Unternehmern geschaffen werden, Buy out-Konzepte als Lösungsvarianten für Nachfolgeprobleme im Mittelstand oder für Ausgliederungen von Unternehmensteilen zu akzeptieren.

2. *Schaffung von steuerlichen Anreizmechanismen:* Unternehmerisches Tätigwerden ist riskant und es bedarf steuerlicher Erleichterungen das Risiko einer Gründung auf sich zunehmen. Motivierend wirken niedrige Unternehmens- und Einkommensteuersätze und niedrige Raten bei Kapitalertragsteuern oder steuerliche Vergünstigungen speziell für junge Unternehmen. Die steuerliche Verlustverrechnung muss beibehalten werden. Sie ist vor allem für junge Unternehmen ein Mittel zur Innenfinanzierung, da erste Gewinne nicht besteuert werden und zum weiteren Unternehmensaufbau genutzt werden können. Zudem dürfen Aktienoptionsprogramme für

hochqualifizierte Mitarbeiter in jungen schnell wachsenden Unternehmen durch steuerliche Regelungen nicht ihre Anreizwirkung verlieren.

3. *Entwicklung langfristiger Kapitalquellen für Private Equity:* Private Equity ist essentiell für die Finanzierung kleiner und mittlerer Firmen. Die meisten Private Equity-Gesellschaften arbeiten mit Fonds, die sie bei institutionellen oder privaten Investoren einwerben. Die Bedingungen, unter denen Investoren sich in Private Equity oder Venture Capital engagieren, sollten solche Engagements erleichtern. Dazu gehören sowohl gesetzliche Voraussetzungen, wie viel wie lange in welche Anlageform und unter welchen regionalen Restriktionen investiert werden darf als auch die steuerliche Behandlung solcher Engagements, z. B. der Ausschluss einer Doppelbesteuerung.

4. *Schaffung der Voraussetzungen für Private Equity-Fonds:* Fonds brauchen, wie international üblich, steuertransparente Strukturen, die eine Besteuerung auf Fondsebene ausschließen. In- wie ausländische Investoren müssen investieren können, ohne befürchten zu müssen, einer unbekannten oder gar doppelten Besteuerung ausgesetzt zu sein.

5. *Staatliche Förderung:* Staatliche Förderung sollte sich auf die Bereiche konzentrieren, in denen wirkliches Marktversagen vorliegt. Staatliche Programme sollten Mittel in erfolgversprechende Unternehmen leiten, die Arbeitsplätze schaffen und Gewinne erwirtschaften, aus denen später Steueraufkommen generiert werden kann. Darüber hinaus sollte bei öffentlicher Aktivitäten die Möglichkeit von Public Private Partnerships, auch im Private Equity-Geschäft, genutzt werden.

Rahmenbedingungen (III)

➡ **Lösungen wurden erreicht:**

➢ Steuerliche Bedingungen:
- BMF-Schreiben zu steuertransparenten Fondsstrukturen
- BMF-Schreiben zur Umsatzsteuer auf Management Fee
- Besteuerung des neuen Carried Interest im Halbeinkünfteverfahren

➢ Förderung von Early stage:
- Einrichtung eines staatlichen Fund-of-Funds für Early stage-Fonds (ERP-EIF Dachfonds)
- High-Tech Gründerfonds für SEED-Capital Finanzierung

Quelle: BVK

39

6. Fazit

Die Private Equity-Industrie bildet den Nukleus für wachstumsstarke und technologieorientierte Unternehmen, genauso wie für die mit ihr direkt verbundene Branchen wie
Beratungsunternehmen, Wirtschaftsprüfer und Anwälte. Darüber hinaus bilden Private Equity-Fonds ein wichtiges Investitionsobjekt im Rahmen der Asset Allocation
von Unternehmen, Banken, Versicherungen, Pensionsfonds, d. h., die Private Equity-
Branche nimmt im Wirtschaftsprozess einer Volkswirtschaft eine wichtige Rolle als
Kapital-Nachfrager und Kapital-Anbieter an.

Zur Bewertung ihrer volkswirtschaftlichen Bedeutung sind deshalb beide Funktionen
zu untersuchen. Die Reduzierung der Private Equity-Branche auf die Finanzierung von
Unternehmen wird ihrer Bedeutung nicht gerecht. Neben den direkten volkswirtschaftlichen Effekten aufgrund der Finanzierung einzelner Unternehmen sind auch weiter-
gehende, indirekte Effekte im Sinne von Multiplikatoreffekten zu beachten.

Die sekundären und tertiären Einflüsse Private Equity-finanzierter Unternehmen auf
verbundene Unternehmen und Branchen vervielfältigen den auslösenden Impuls einer
Private Equity-Investition. In den USA und Großbritannien, wo Private Equity eine
lange Tradition besitzt, wird diesem Fakt bereits Rechnung getragen. Wirtschaftspoli-
tische, steuer- und gesellschaftsrechtliche Entscheidungen werden dort regelmäßig
hinsichtlich ihrer Effekte auf die Private Equity-Branche untersucht und an diese ange-
passt.

Private Equity hat seine eigene Wertschöpfungskette. Sie reicht vom Einsammeln
anlagesuchender Gelder über das Prüfen von Projekten bis zur Investition. Damit
werden in den Zielunternehmen Wachstum und Unternehmenswertsteigerung generiert, mit dem Ziel des späteren „Divestments" bis zur Ausschüttung der Gelder an
die Investoren der Fonds. Die Wertschöpfungskette bezieht dabei nicht nur die direkt
beteiligten Investorengruppen ein, sondern alle Finanzintermediäre und Berater sowie wissenschaftliche Einrichtungen und Unternehmen. Auch der Staat als Förderer
und Steuereinnehmer spielt eine nicht unbedeutende Rolle.

Private Equity ist ein wichtiger Motor für den Strukturwandlungsprozess. Am Anfang
jeglicher Basisinnovationen in der Wirtschaftsgeschichte bis hin zur jüngsten Vergangenheit – ob Stahl, Eisenbahn, Elektrotechnik, Chemie, Automobil, Halbleiter, Computer, Internet oder Biotechnologie – stand die Finanzierung der Pioniere dieser Branchen mit Private Equity. Ohne Private Equity wären die Entwicklungen in dem Umfang
und dem Tempo nicht möglich gewesen.
Dabei hat Private Equity nicht nur neue Industrien und Branchen hervorgebracht, sondern auch etablierte Industrien und Branchen umstrukturiert und modernisiert und so
den Strukturwandel vorangetrieben.

Fazit

Hinreichende Voraussetzungen für den nachhaltigen Erfolg von PE/VC sind die Existenz von UNTERNEHMERN mit Ideen und Visionen, die sich in vermarktungsfähige Innovationen niederschlagen und Multiplikatoren-Wirkung erzeugen.

Aber **notwendige** Voraussetzung ist jedoch immer das Vorhandensein von anlagesuchendem Risikokapital.
Private Equity ist der Humus für die Veränderungen in unserer Wirtschaft, bedarf jedoch günstiger Rahmenbedingungen um die Aufgabe erfolgreich zu meistern.

Seite 44